DESCRIPTION

DES

ILES MARQUISES.

DESCRIPTION

DES

ILES MARQUISES

PAR FL. LEFILS.

CHEZ PREVOT, LIBRAIRE, RUE BOURBON-VILLENEUVE, 61,
Et chez tous les marchands de nouveautés.

—

1843

La prise de possession des îles Marquises par les marins français est l'accomplissement d'un vœu national. Depuis longtemps on désirait voir une colonie française s'établir dans la mer du Sud où nos navigateurs ont fait tant de découvertes importantes; les Anglais, les Hollandais, les Espagnols, les Portugais occupent les principales îles de l'Océanie, et les Français n'avaient dans cette cinquième partie du monde aucune station, aucun îlot où leurs vaisseaux pussent au besoin trouver un refuge. M. le contre-amiral Dupetit-Thouars a eu l'honneur d'attacher son nom à cette belle expédition; le pavillon français flotte à Nouka-Hiva et sur chacune des îles de l'archipel des Marquises. Un fait aussi national devait attirer vivement l'attention du public sur ce point jusqu'alors inaperçu de ces mers lointaines. C'était donc satisfaire à l'empressement général que de rechercher tous les documents qui se rattachent à ces îles et à leurs destinées futures, et nous avons été assez heureux pour nous procurer les notes recueillies par un officier de l'expédition de M. Dupetit-Thouars.

Une description bien exacte des îles Marquises demanderait plus d'un volume; mais les détails nous manquent et manquent même à nos bibliothèques. Nous nous empressons d'annoncer que nous avons prié un des officiers de la seconde expédition de compléter sur les lieux et avec exactitude, les renseignements que nous n'avons pu donner sur la géologie, les productions, l'histoire de ces îles, les mœurs et les lois de leurs habitants, et que nous serons ainsi en mesure de publier dans quelques mois une suite à cette notice, que nous ne livrons que comme le programme d'un ouvrage plus important sur la navigation et le commerce des mers du Sud.

DESCRIPTION

DES

ILES MARQUISES.

Les îles Marquises, classées par Malte-Brun dans
la Polynésie, furent découvertes en 1595 par Mendana,
navigateur portugais , qui les nomma *Marquises de
Mendoce* , en l'honneur de Garcias de Mendoça, mar-
quis de Canete, vice-roi du Pérou.

Elles sont situées au N. N. E. de l'archipel Dange-
reux et à 1,142 lieues O. du Pérou ; leur position géo-
graphique est entre les 7° 48' et 10° 27' de latitude S.,
et les 141° 10' et 142° 55' de longitude O. de Paris :
c'est-à-dire qu'elles s'étendent sur un espace de près de
60 lieues de longueur sur 40 de largeur.

Elles sont au nombre de quatorze. Chantal , Masse ,
Hergest, Rocras, Nouka-Hiva , Hoahouga, Hood, Hol-
lapoa, Hivava ou la Dominique, Tahouhata ou Chris-
tine, Oni-Teou, Uapoa et Tatou-Hiva ou la Madeleine.

Nouka-Hiva est la plus grande et la plus peuplée de ces îles ; elle reçut ce nom du voyageur Krusenstern, qui le prit sans doute au langage des naturels, et depuis tous les géographes l'ont adopté. Sa longueur de l'est à l'ouest est de dix-sept lieues environ, et sa plus grande largeur de neuf lieues ; on évalue sa population à près de 16,000 individus divisés en un grand nombre de tribus, dont les plus puissantes et les plus connues sont celles des *Taï-piis*, des *Hapas*, des *Mamatouahs*, des *Taiis*, des *Typees*, etc. Ces tribus sont presque toujours en guerre ; l'inimitié entre les *Taï-piis* et les *Hapas* surtout semble durer depuis des siècles : ils se livrent une guerre à mort et ne font des prisonniers que pour les dévorer ; telle est du moins l'opinion des voyageurs qui, à différentes époques, ont visité cette île, quoique aucun d'eux n'ait été témoin de festins de ce genre. Ce qui est évident, c'est que les habitants de Nouka-Hiva se plaisent à orner leurs habitations des dents, des chevelures et des ossements des ennemis tués à la guerre.

Peu de terres offrent du large des points de vue aussi variés et aussi ravissants que ceux de cette île ; ses côtes sont gracieusement entrecoupées de vallons tapissés de verdure et dominés par des pics majestueux qui s'élancent comme les flèches d'une cathédrale gothique ; puis, pour encadrement à ce joli tableau, les lames

blanches et argentées de la marée viennent en écumant
se briser contre les récifs de corail dont l'île est entourée. Partout l'abord est franc, car ces récifs ne s'é-
tendent guère au-delà de quelques encâblures du bord,
et la navigation y serait dégagée de tout péril si des
calmes brusques ne s'y faisaient sentir et ne met-
taient les bâtiments en danger d'être drossés vers le
rivage par la force des courants. Les canots peuvent
attérir dans toutes les découpures du rivage, rocailleux
et abrupte, et du moment où l'on met pied à terre, on
n'avance presque toujours qu'en montant jusqu'aux
hauteurs qui forment les points culminants de l'île. Les
vallées comprises entre ces montagnes sont marécageu-
ses et remplies de belles sources qui alimentent les rivières, lesquelles en tombant des montagnes forment
des cascades d'un effet très pittoresque ; l'une d'elles,
décrite par l'Espagnol Quiros, a près de 2,000 pieds
de chute.

La côte, légèrement accidentée, a quelques bons
ports et des baies bien abritées ; la baie Taiohaë, sur la
côte méridionale, paraît être la plus large et la plus
sûre ; elle forme l'embouchure d'une rivière du même
nom qui traverse le village habité par le roi Témoana ;
à quelques lieues à l'Est de cette baie est celle d'Hacapehi, où les Français ont formé leur plus vaste établissement ; la baie s'ouvre par un étroit canal dans une

1.

chaîne de rochers ; elle forme alors un large bassin où la profondeur est de 14 à 16 brasses ; ; elle est dominée au Sud par le mont Tu-Hiva, où l'on a l'intention de construire un fort pour protéger la ville que l'on bâtit sur le bord de la mer.

Les rivières de Nouka-Hiva ne sont que des ruisseaux, mais elles assèchent rarement ; les rochers dont elles sont obstruées en rendent le cours très inégal et forment des milliers de cascades qui semblent s'échapper des bosquets de bananiers et de cocotiers. Le poisson y est d'autant plus abondant que les naturels sont peu habiles à le pêcher.

Cette île pourra devenir le centre des établissements français aux îles Marquises. Les habitants, quoique adonnés anciennement à l'antropophagie, sont les plus doux et les plus sociables de l'archipel, et lorsque leurs relations avec nous les auront familiarisés avec notre domination, nos mœurs et nos usages, ils marcheront volontairement vers la civilisation.

C'est à *Tatou-Hiva*, la plus méridionale des îles Marquises, que la frégate *la Reine Blanche*, commandée par le contre-amiral Dupetit-Thouars, arriva le 26 avril 1842 ; l'aspect de cette île est agréable à cause des prairies verdoyantes qui bordent la mer et des hauteurs boisées qui les couronnent ; mais le mouillage n'y es pas sûr et les récifs de zoophytes qui bordent la côte en rendent l'approche difficile et périlleuse. Elle est cependant fréquemment visitée par les baleiniers américains qui viennent s'y approvisionner de vivres et de rafraîchissements. M. Dupetit-Thouars évalue sa population à 15 ou 1,800 habitants. Un peu au sud-est est un îlot nommé Motou-Nao.

En quittant Tatou-Hiva, où les Français essayèrent de nouer quelques relations avec les indigènes, *la Reine Blanche* se dirigea sur la côte occidentale de l'île *Tatou-Hata* nommée aussi Sainte-Christine, et elle mouilla dans la baie de Vaïtahu, la même que les Portugais avaient nommée *Madre de Dios*. Cette île est la mieux connue de toutes celles de ce groupe ; elle se compose de deux montagnes réunies par un isthme qui forme le fond de la baie dont nous venons de parler ; deux ruisseaux viennent se décharger dans cette baie ; l'eau en est excellente ; sur leurs bords s'élèvent les cabanes qui constituent la capitale du roi *Yotété* ; au Sud, la baie est fermée par une roche haute et escarpée au sommet de laquelle on arrive par un sentier tournant. Cette roche pourra être utilisée pour la défense de l'établissement que l'on a formé dans la baie ; la pointe Nord, moins élevée , est à l'ouest de la pointe O. de *Hivava*, dont on aperçoit les hauteurs verdoyantes et la base de corail.

Les habitants de Tahouata ont le teint moins blanc

que ceux de Nouka-Hiva ; ils paraissent aussi moins sociables et moins disposés à favoriser nos établissements ; le meurtre du malheureux capitaine Halley et du lieutenant de vaisseau Ladébat , la mauvaise foi du roi Yotété dans ses relations avec M. Dupetit-Thouars, en sont des preuves.

Au nord de la baie de Madre de Dios est celle de Hana-miliaï, entourée de belles hauteurs agréablement boisées.

M. Dupetit-Thouars n'évalue qu'à 800 personnes la population de cette île ; M. Dumont-d'Urville l'avait portée à 7,000 environ : il y a sans doute erreur de chiffres d'un côté ou de l'autre.

Hivava ou la Dominique est peu visitée par les navigateurs, et quoique plus grande que Tahouata, elle est beaucoup moins peuplée. M. Dupetit-Thouars y a néanmoins jeté les fondations d'un établissement.

Ouapoua a moins d'étendue encore, et elle est à peine peuplée ; elle se reconnaît de loin à ses pics qui se dressent vers le ciel comme autant d'aiguilles. Une large baie où mouilla *la Reine Blanche* est nommée *Kahahau*. Les autres îles de l'archipel , désertes et presque stériles, ne sont visitées que par les Nouka-Hiviens, qui vont y chercher des cocos et des plumes d'oiseau pour leurs parures.

La conformation presque conique de ces îles semble

indiquer qu'elles ont été soulevées du sein de l'Océan par l'action des feux souterrains ; elles n'offrent cependant aucun cratère en activité, et la plupart ne sont que légèrement montueuses et boisées. A Nouka-Hiva, Ouapoa et Tahouata, quelques hauteurs crevassées montrent des fractions de roches diversement entassées les unes sur les autres, et les vallées semblent emboîtées entre de hautes murailles de 1,000 à 1,200 pieds d'élévation. C'est à peu près l'idée que donne M. Dupetit-Thouars de la belle vallée d'Hacapehi, où il eut une entrevue avec les principaux chefs de Nouka-Hiva.

Le sol, dans les vallées et sur le bord des côtes, est formé d'un limon noirâtre très fertile dû à la décomposition des débris végétaux ; mais en s'éloignant du rivage il perd sa couleur et se change en couches d'argile et de marne où la végétation n'est pas moins active.

La culture serait très productive si les habitants voulaient s'en occuper, mais naturellement paresseux et indifférents pour le lendemain, les Marquesans s'inquiètent fort peu de leurs champs et de leurs vergers, et se contentent de récolter les fruits qui croissent spontanément et sans nécessiter de travail.

La nature a d'ailleurs été prodigue envers ces îles; elles sont couvertes d'épaisses forêts où domine un immense palmier dont les branches en éventail sont employées à couvrir les cabanes, et dont les feuilles comme le *Talipot* de Ceylan, mettent huit à dix personnes à l'abri de la pluie.

Le jaquier ou arbre à pain y croît partout. Son fruit, parvenu à maturité, y acquiert la grosseur d'une tête d'enfant; il est farineux et d'une saveur qui tient à la fois du pain de froment, de la châtaigne et de la pomme de terre. Forster, le compagnon de Cook, dit : « Je n'ai « trouvé nulle part des fruits aussi gros et aussi déli- « cieux ; ils étaient tendres comme des flancs , mais un « peu trop sucrés. » L'arbre devient très gros et produit ses fruits pendant huit mois de l'année avec une telle largesse , que trois suffisent pour la nourriture d'un homme pendant un an; les feuilles servent de nappe, la sève, très glutineuse, de ciment, et l'écorce intérieure est employée à faire l'étoffe dont les Marquesans se couvrent. Quel végétal pourrait être plus utile à l'homme ?

On y trouve encore le cotonnier dont le duvet jaune ne demande que la main de l'industrie pour être d'une utile ressource; le latanier , dont les feuilles servent d'éventail ; le poivre employé par les habitants à faire une boisson enivrante nommée *kawa*.

La nourriture des habitants se compose principalement du fruit de l'arbre à pain, du coco, de la viande de porc et du chien ; ils font aussi usage du chou caraïbe , du froment et d'une espèce de pomme de terre (*corypha umbraculifera*).

Les officiers du roi ont soin de marquer les arbres qui produisent les plus beaux fruits afin qu'ils soient réservés pour la bouche du souverain ou des tahouas, qui sont les prêtres du pays ; dès lors le maître de l'arbre n'a plus, sous peine de mort, le droit d'y toucher et n'a même aucune indemnité à réclamer. Ces arbres croissent d'ailleurs spontanément, et les propriétaires s'occupent très peu de leur culture.

Ils mangent la plupart de leurs aliments crus, mais ils font cuire le poisson et la viande dans des feuilles marines dont ils les enveloppent et qu'ils placent sous la cendre. On assure que les poissons cuits ainsi ne sont pas sans saveur.

La température de ces îles est très inégale ; souvent il pleut dans l'une lorsqu'une autre très voisine est en pleine sécheresse ; quelquefois même il arrive qu'une partie d'île est inondée d'eau pendant que le côté opposé est exposé aux rayons d'un soleil brûlant ; les pluies se font surtout sentir sur les hauteurs et avec plus de continuité à Nouka-Hiva, à Hivava et Tahouhata, que dans les îles plus petites où il n'est pas rare de voir des sécheresses de huit à neuf mois. Les missionnaires tentèrent plusieurs fois de creuser des puits dans ces îles ; l'eau y était presque toujours d'une âcreté insupportable.

Malgré cette variété atmosphérique, la température ne s'abaisse guère au dessous de 15 degrés du thermomètre de Réaumur et s'élève rarement au dessus de 27 degrés, ce qu'il faut attribuer au renouvellement journalier des brises de terre et de mer qui procure à ces îles un climat analogue à celui de l'Océan même et leur donne un printemps perpétuel.

L'air y est assez sain; s'il devient malfaisant, s'il exerce quelque ravage épidémique, les habitants l'attribuent à un dieu malfaisant nommé Tü, qui porte l'homme au mal et l'accable de maladies; dès lors, ils ne sortent plus de chez eux sans avoir fait une offrande en comestibles, et si deux ou trois personnes meurent dans un village, ils s'imaginent que Tii y est présent, et tout le village disparaît pour se porter ailleurs.

La mer entre les îles Marquises abonde en poissons de diverses espèces ; on y voit quelquefois des baleines, des dorades, des dauphins, des thons, etc. Sur la côte, les récifs fourmillent d'écrevisses, d'huîtres et de coquillages très variés. Dans les endroits marécageux, on trouve de petites sangsues qui s'attachent aux jambes nues des voyageurs et les piquent jusqu'au sang. On ne s'en débarrasse qu'en se frottant les jambes avec de la cendre.

On y trouve aussi une fourmi assez commune dans les îles de la Polynésie. Cette fourmi, dont la piqûre est très douloureuse, est de la grosseur d'un grain de blé; on s'en guérit en frottant la partie piquée avec une herbe qui croît dans les plaines et sous laquelle ces insectes établissent leurs fourmillières.

Le cochon y est commun et forme avec la volaille une partie de la nourriture des indigènes. On a remarqué que les poules y sont beaucoup plus grosses que les nôtres. Des petits oiseaux de différentes variétés animent les bocages de leur vol et de leurs chants. On y voit aussi le héron bleuâtre, le martin-pêcheur, la tourterelle, le coucou, le perroquet, la frégate, l'oiseau tropique, etc. On n'y trouve point de chevaux; mais le commandant de l'expédition française, voulant y acclimater la race chevaline, a donné au roi Temoana un superbe étalon et deux juments pleines; des ânes ont aussi été débarqués pour servir au transport des différents matériaux qui seront nécessaires aux établissements.

Les Marquesans sont grands, bien faits, de belles proportions et de beaux traits; ils ont le teint olivâtre et légèrement cuivré. On distinguait autrefois deux races distinctes aux Marquises, dont l'une très blanche. Les Marquesans ont conservé l'usage du tatouage et celle non moins ridicule d'élargir le visage des enfants, de leur agrandir la bouche et de leur aplatir le nez. Sans doute l'exemple des Français fera disparaître cette coutume, qui dépare les charmes naturels de ces peuples et qui altère surtout la beauté dont les femmes paraissent douées. Forster comparait ces femmes à celles de Lima ou aux Andalouses ; il dit qu'elles ont les yeux noirs et vifs, les dents blanches et bien alignées, les membres proportionnés avec grâce et la peau très douce. On lit dans le voyage publié par M. Dumont-d'Urville, que les Nouka-Hiviennes, d'une beauté remarquable, seraient jalousées par les Européennes.

Le vêtement des Marquesans consiste en une pièce d'étoffe faite de l'écorce de l'arbre à pain ou des fibres du mûrier à papier (*Broussonetia papyrifera*). Ce vêtement leur tombe de la poitrine jusqu'au milieu de la jambe ; quelques-uns, qui ont pu se procurer des vêtements européens, en sont bizarrement accoutrés. Le contre-amiral Dupetit-Thouars ayant donné au roi Temoana un habit rouge, des épaulettes de colonel, des chemises, un pantalon et un chapeau à la française, celui-ci s'en revêtit aussitôt, et on assure qu'il porte son nouveau costume avec assez d'aisance et de dignité ; il paraît même disposé à vouloir habiller sa femme à la française, car les marins de *la Reine Blanche* ayant représenté à leur bord une petite comédie à laquelle il fut prié d'assister, les rôles de femmes furent remplis par de jeunes novices vêtus en femmes, et le roi pria aussitôt qu'on lui donnât de ces habits pour sa femme. Le lendemain, tous les officiers du roi venaient réclamer de pareils cadeaux pour les leurs. Il est présumable que la première expédition qui sera dirigée de France sur les îles Marquises portera à ces peuples des produits de l'industrie parisienne, qui trouvera là un nouveau débouché.

Les missionnaires anglais rapportent dans leurs relations qu'à leur arrivée à Nouka-Hiva, les femmes étant venues à bord du vaisseau, les chèvres se jetèrent sur les feuilles vertes qui formaient leur unique vêtement, et que ces pauvres femmes en se retournant pour sauver les feuilles de devant, furent assaillies par derrière et réduites à la plus entière nudité. Il paraît que l'usage des femmes de ces îles est de venir ainsi et à la nage au devant des bâtiments qui approchent de leurs côtes ; on les voit arriver par centaines, monter à bord par les câbles, les chaînes, le gouvernail, à babord et à tribord ; et c'est à grand'peine que les marins parviennent à se débarrasser de leurs agaceries et de leurs séductions. Arrive-t-on à leur faire comprendre qu'elles doivent s'éloigner, elles sautent par dessus les bastingages, glissent dans l'eau comme de véritables poissons, plongent, reparaissent, se suspendent aux câbles et prennent les attitudes les plus voluptueuses, comme pour inspirer aux matelots des regrets et leur faire désirer leur retour. Quant aux naturels, souvent présents à ces prouesses de leurs femmes et de leurs filles, ils ne paraissent point s'en inquiéter, et semblent toujours disposés à céder leur femmes pour une pipe ou pour une once de poudre à tirer.

Les Marquesanes sont cependant dans une grande dépendance des hommes ; à Tahouata, à Tahou-Hiva et dans quelques autres îles, les chefs se permettent la polygamie : elle ne paraît point être exercée à Nouka-Hiva. A l'arrivée des Français, le roi de Taoihé, qui était en guerré avec son voisin le chef des *Taoias*, déplorait la perte de sa femme que son ennemi retenait prisonnière. M. Dupetit-Thouars étant parvenu à réconcilier ces deux princes, parvint aussi à faire rendre à Temoana la femme qu'il regrettait et qui paraissait néanmoins résignée à son sort.

La grande divinité des Marquesans est *Tarou-Manai*, qu'ils placent dans le ciel et qu'ils supposent entouré de génies ayant chacun mission de veiller sur une famille. Une tradition leur fait croire que leurs îles sont les débris d'une grande terre que *Tarou-Manai*, courroucé par les péchés des hommes, a réduite en morceaux. Ils paraissent d'ailleurs croire à l'immortalité de l'âme, et sont disposés à obéir à des sentiments religieux. Cependant, malgré les efforts des missionnaires, pour les amener à la foi chrétienne, ils conservent généralement leurs anciennes croyances ; ils ne semblent avoir adopté la croix et l'image de la Vierge que par esprit de fétichisme. Ils voient partout des êtres surnaturels ; selon eux, les airs, les montagnes, les rivières, la mer, tout est peuplé d'esprits, de divinités ; ce qui les dispose comme tous les peuples ignorants à adorer tout ce qui leur paraît surprenant et merveilleux. Un des matelots de la *Reine Blanche* ayant donné un kaléidoscope à un insulaire, ce fut avec des trépignements de surprise et d'admiration que chacun vint adapter son œil à la lunette, et bientôt l'heureux possesseur de ce bijou devint un grand-prêtre, ministre d'un dieu, d'un fétiche que la multitude venait adorer.

Les efforts des missionnaires ont donc produit peu d'effet, quant à la foi ; à Uapoa, après avoir fait une douzaine de prosélytes, ils furent attaqués, pillés et poursuivis, et ils eussent été massacrés s'ils n'eussent trouvé une embarcation prête à les recevoir.

Quelques voyageurs ont parlé avec exagération de l'antropophagie des habitants de la Polynésie et surtout de ceux de Nouka-Hiva. D'après leurs récits, ces insulaires mangeaient non seulement leurs ennemis et les étrangers, mais encore leurs amis, leurs pères, leurs enfants et leurs femmes. Sans doute autrefois, quelques peuplades sauvages se livrèrent à cette horrible dépravation, mais aujourd'hui le nombre en est bien restreint, et il ne paraît pas que les Nouka-Hiviens s'y soient livrés depuis longtemps. Ils sont doux, hospitaliers, ils respectent et soignent les vieillards, chérissent leurs mères et leurs amis et accordent de suite leur confiance à ceux qui se disent leurs amis. Quelquefois la guerre vient, il est vrai, dévaster leurs champs et jeter sa torche sur leurs habitations ; mais ils ne paraissent pas être plus cruels envers leurs prisonniers que les Taïtiens leurs voisins, auxquels nous attribuons de grands progrès en civilisation. La femme de Temoana, prisonnière chez les Taoias, y était bien traitée et libre sur parole, et lorsque M. Dupetit-Thouars l'engagea à retourner avec son mari, elle hésita, dans la crainte de manquer à la parole qu'elle avait donnée.

La confiance qu'ils accordent à l'amitié paraît d'ailleurs sans bornes ; un Marquesan se dévoue entièrement à l'ami qu'il a choisi et change de nom avec lui ; le roi Temoana ayant ressenti une amitié vive pour M. le capitaine de corvette Collet, voulut qu'il portât le nom de Temoana, pendant que lui allait répondre au nom de Collet. Ce dévouement à l'amitié va même plus loin que ne le permettent les mœurs des peuples civilisés ; un Nouka-Hivien a toujours un ami intime qu'il charge de le remplacer auprès de sa femme lors-

qu'il est absent. On lit dans le voyage des missionnaires
que *Harris*, l'un d'eux, ayant été pris en amitié par
le prince *Ténaï*, celui-ci, en partant pour un district
éloigné, ordonna à sa femme de faire sa cour au mis-
sionnaire, et de le considérer comme son mari *ad inte-
rim*. La jeune et belle princesse, étonnée des froideurs
de celui qu'elle était chargée de traiter en époux, con-
çoit des doutes sur son sexe, et les communique à plusieurs de ses amies. Une nuit, Harris dormait tranquil-
lement; il sent des mains qui tâtent son corps, il s'éveille
et se voit entouré d'une foule de femmes qui venaient
faire un examen dont on devine l'objet. Rempli d'une
sainte colère, il s'arrache de ces lieux plein d'horreur,
et s'enfuit vers le rivage; mais comment pouvait-il espérer de faire entendre ses cris à l'équipage du vaisseau éloigné de plusieurs milles? Il voit des Indiens
s'approcher de lui, il craint pour sa vie, s'enfonce dans
les bois, et, hors de lui-même, erre de hauteur en hauteur : enfin cette nouvelle arrive au vaisseau, on lui en-
voie une chaloupe et il s'y précipite, bien résolu de ne
plus prêcher les princesses de la mer du Sud.

La fidélité conjugale ne paraît point d'ailleurs être
religieusement observée; les filles se conduisent en
toute liberté jusqu'au moment où elles se marient, et
alors le mariage lui-même ne paraît être qu'un acte
purement civil, qu'une association de convenance qui

n'engage pas, et le mari cède sa femme avec autant de grâce et d'indifférence que s'il s'agissait chez nous d'un cheval ou d'un chien de chasse.

Les plaisirs des Nouka-Hiviens sont les chants et la danse ; les chanteurs nommés *kaïois* sont à la fois poètes et compositeurs ; leurs airs tristes, monotones et plaintifs, ne sont que des lamentations dont l'effet, en affectant les nerfs, produit dans l'âme des émotions autres que celles de la joie ; les sujets de ces chants sont un épisode guerrier, ou quelque événement extraordinaire, qui parvient ainsi *oralement* aux générations: ils ont d'ailleurs leurs chœurs, et dans leurs fêtes publiques on entend quelquefois des concerts composés de plus de cent jeunes filles, dont les accents ne sont pas sans grâces et sans charmes. Leurs instruments se bornent au tam-tam, qui rend des sons creux et sourds analogues aux chants des musiciens.

Leur danse se réduit à sauter sans cesse sur le même endroit, en élevant les mains de temps à autre, et remuant rapidement les doigts ; mais peu à peu les danseurs, réglant leurs mouvements sur la vitesse du tam-tam, abandonnent leur attitude première et se trémoussent avec une rapidité étonnante.

La poésie se compose de chants guerriers ; elle n'est ni chaste ni ambiguë, et entre dans des détails éroti-

ques qui paraissent impressionner vivement les ama_
teurs.

Les voyageurs s'accordent à reconnaître le respect
que les Marquesans professent pour leurs morts ; or
cette qualité paraît incompatible avec l'anthropophagie
cruelle dont on les a accusés, et prouve que ces peuples
ne sont pas incapables de comprendre le bien. Dans les
villages, chaque tribu a son cimetière, nommé *Moraï*,
où les morts sont comme chez nous enterrés par fa-
milles sous de grandés pierres, et sous la protection de
statues qui figurent des divinités. Là où les missionnaires ont fait des prosélytes, on voit la modeste croix
de bois surmonter la pierre et remplacer les idoles ;
et il n'est jamais venu à l'idée des non convertis de
briser ce signe d'un culte qui n'est pas le leur. Cette
tolérance doit faire espérer des succès dans les efforts
que l'on fera pour civiliser ces peuples: aux îles Gambier,
où les naturels étaient tout aussi sauvages qu'aux Marquises, les missionnaires ont produit de véritables
miracles: l'anthropophagie a entièrement disparu, et
on y est aussi religieux et aussi humain que dans les
villages les plus civilisés de la chrétienté.

Leurs prêtres, très nombreux et puissants, sont
divisés en quatre classes: la première, composée des
hommes qui ont fait quelque action éclatante ou quelque
œuvre utile à la population, est nommée *atouas*, c'est-

à-dire immortels ; on leur voue un culte pendant leur vie et après leur mort ; le bruit de la tempête, les ondulations de la mer, le frémissement du feuillage sont les actes des *atouas*, qui témoignent ainsi ou leur joie ou leur mécontentement. C'est ainsi que des traditions ont conservé parmi ces peuples le souvenir de Cook et des premiers Européens qui abordèrent leur terre. « Un dieu, disent-ils, vint un jour dans une grande île « flottante, d'où il lançait le tonnerre, et il donna aux « habitants un cochon, qu'il nommait *pouarquas*. Un « autre (Cook sans doute) qui se nommait Hitaïti, vint à « *Tahouata*, y tua un homme qui doutait de sa divinité, « et partit en laissant un chat, qui propagea son espèce « dans l'île. »

La classe qui suit immédiatement les *atouas* est celle des *tahouas*, ou prophètes : il y a parmi ceux-ci des femmes. Les *tahouas* ne sont honorés que pendant leur vie, à moins que par leurs actions ils ne deviennent *atouas ;* ils ont le privilége de guérir les malades, et ces cures s'opèrent toujours avec des cérémonies ridicules, qui out pour but de chasser les dieux malfaisants placés dans la partie malade. La troisième classe est celle des *tahounas,* ce sont les prêtres des sacrifices ; ils gardent les *moraïs,* font les funérailles, chantent les hymnes et font les opérations chirurgicales sous les ordres des *tahouas.* Les *ouhous,* qui forment la dernière classe des prêtres, assistent les *tahounas*, auxquels ils succèdent lorsqu'il y a lieu.

Après l'autorité des prêtres, celle du chef ou *hekaïki* est la plus en honneur. La souveraineté est héréditaire, mais ses attributs sont peu étendus, et l'*hekaïki* est soumis à l'autorité des *tahouas*, qui gouvernent tout par le *tabou*. Le *tabou*, qui veut dire *sacré*, se trouve partout : le *tahouas* pose-t-il la main sur un objet quelconque, cet objet devient *tabou*, et les profanes ne peuvent y toucher sous peine de mort ; des parties de l'île, des parties de mer, des ruisseaux, des montagnes, des arbres sont *tabous* lorsque le prêtre l'a prononcé, et alors il est défendu d'y passer ; quelquefois les pirogues sont tabouées, et il n'est plus permis aux Nouka-Hiviens d'y monter ; s'ils vont à la mer, ce doit être à la nage ; les pirogues sont presque toujours tabouées pour les femmes, et c'est toujours à la nage que les Européens voient arriver le beau sexe marquesan sur leurs navires. Le *tabou* frappe tout ce qui est réservé à la nourriture des grands et des prêtres ; les cochons, les volailles, les tortues, les bonites, les dorades, sont défendus aux gens de la basse classe, qui ne doivent se nourrir que des cocos, des fruits de l'arbre à pain, et des poissons non taboués ; les maisons des classes privilégiées sont aussi tabouées, et nul ne peut y entrer s'il n'est prêtre ou grand dignitaire ; un homme du peuple qui violerait le tabou serait poursuivi jusqu'à la mort. C'est une espèce d'excommunication avec laquelle cependant on doit croire qu'il y a des accommodements ; le contact des Français ne tardera sans doute pas à effacer ce moyen d'arbitraire dont la masse ne paraît pas éloignée de vouloir s'affranchir.

Dans des circonstances solennelles, les Marquesans font de grands repas publics, mais les femmes et les hommes de la basse classe en sont toujours exclus.

En général, les Marquesans ont des mœurs douces ; c'est toujours avec des démonstrations d'une joie franche qu'ils ont accueilli les Européens ; et si ceux-ci ont quelquefois été injustes à leur égard, les autres ont bientôt prouvé qu'ils ne connaissent pas la rancune. Le chant, la danse, la conversation, le sommeil remplissent leurs heures libres, et ils s'y livrent avec la sécurité des consciences pures. Seront-ils aussi heureux lorsqu'ils auront subi le frottement de nos mœurs, lorsque le stigmate d'une nature primitive commencera à s'effacer de leurs habitudes? On peut en douter ; mais les résultats dépendront de nous, car les Nouka-Hiviens forment une population bonne, intelligente et disposée aux belles actions.

A différentes époques, depuis les découvertes de Meadana, les Marquises furent visitées. Cook les vit en 1774 et séjourna dans la baie de Waïtahu, qu'il nomma *Résolution* et que Meadana avait déjà baptisée du nom de *Madre de Dios*; Forster, qui accompagnait Cook, écrivit une courte description de cette île (Tahouata) et donna quelques détails sur les mœurs de ses habitants; elle était gouvernée par un chef nommé *Onou*, dont l'autorité ne paraissait pas très étendue. En 1791, l'Américain Ingraham compléta la découverte de tout l'archipel des Marquises, et Marchand, qui arriva un mois après lui, ne fit que constater le passage de ce navigateur; Hergest vint ensuite, et laissa son nom à une des îles. Depuis cette époque, les naturels virent souvent des bâtiments européens, et des missionnaires se sont installés parmi eux pour tâcher de les amener à la foi. En 1813, un aventurier américain, nommé Porter, avait fait de Nouka-Hiva le quartier général de ses expéditions; il y avait bâti un village et un fort, nommés Madisonville; il l'abandonna peu de temps après, et bientôt la végétation recouvrit les traces de cet établissement.

Aujourd'hui le pavillon français est arboré par toutes les populations indigènes des îles Marquises; chaque chef de tribu a voulu élever sur sa case ce signe de sa soumission à une puissance qui le protégera et qui protégera ses frères; les Marquesans sont devenus Français, et sans doute la métropole s'empressera de leur fournir les moyens de sortir de l'abrutissement et de montrer qu'ils sont, comme leurs voisins de Taïti, susceptibles de comprendre la civilisation.

C'est moins sous le rapport commercial que comme station maritime que les Marquises seront utiles. Cependant ces îles pourront être heureusement utilisées pour la France ; ce sera la *Botany-bey* où l'on pourra évacuer cette écume de notre population que les bagnes ne peuvent corriger et dont il est nécessaire de purger notre terre ; quelques relations commerciales s'établiront aussi avec le temps ; les plaines, intelligemment cultivées, produiront en abondance le sucre, le coton, l'indigo, le café ; certains cantons produiront même le cacao ; les forêts, qui sont immenses et bien fournies, nous procureront en abondance le bois de santal que les Chinois achètent très cher, et d'autres bois utiles à notre propre industrie ; enfin, de nouvelles ressources surgiront de ces terres encore vierges de toute culture et dont la main de l'homme peut tirer des trésors.

Les Marquises sont, d'après les navigateurs, le meilleur point de relâche pour les navires qui, après avoir doublé le cap Horn, se dirigent sur les côtes de l'Amérique du nord-ouest ou à la Chine ; cette station sera d'une grande utilité à la navigation française dans les mers du Sud, et c'est avec espoir que nous attendons les effets de cette expédition si bien commencée.

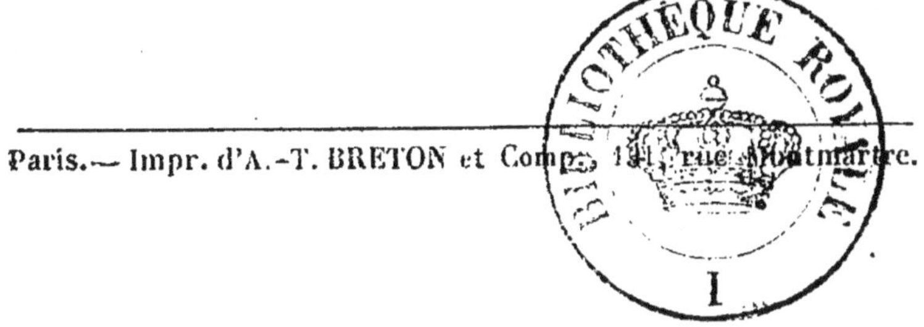

Paris. — Impr. d'A.-T. BRETON et Comp., 141, rue Montmartre.

www.ingramcontent.com/pod-product-compliance
Lightning Source LLC
Chambersburg PA
CBHW061743060726
47597CB00007B/2739